KB232417

교회 시작부터 천국까지 **새가족 교재**

교회 시작부터 천국까지
새가족 교재

한상휘

2판 1쇄 / 2009. 10. 20

펴낸이 / 최헌근
펴낸곳 / 말씀과만남
등록번호 / 제20-444호
등록일자 / 1991. 6. 19

138-220 서울특별시 송파구 잠실동 339-3
전화 / 070-7531-6321 팩스 (031)594-6328
전자우편 / mmpress@hanmail.net

ISBN 978-89-7508-231-3
     978-89-7508-230-6 (세트)

정가 : 5,000원

잘못된 책은 바꾸어 드립니다.

교회 시작부터 천국까지

새가족 교재

한상휘 지음

말씀과만남

추천사

영국의 신학자 바클레이는 말하기를 "목사는 요리사와 같다."고 말했습니다. 요리사는 감자 한가지의 재료만 가지고도 여러 모양의 음식으로 요리하여 사람들로 하여금 맛있게 먹게 합니다. 감자 한가지만으로도 24가지 음식을 만든다고 합니다. 목사도 이와 같이 하나님의 말씀인 성경을 여러 모양으로 요리하여 성도들이 맛있게 먹고 영의 양식으로 받으며 하나님이 기르시는 양떼들로서 생명을 누리게 합니다. 이 일은 양념을 넣어 맛있는 진국을 만들 듯이 이해하기 쉽고 감동적이며 또 하나님의 뜻을 잘 알아듣고 지키고 행하게 하여 하나님이 주시는 은혜와 복을 누리게 하는 일입니다. 이 요리는 매주일 찾아오는 새 가족들을 훌륭한 하나님의 자녀로 훈련시키고자 하는 목자의 충정에서 만든 역작이 바로 여기 추천하는 〈교회시작부터 천국까지〉입니다.

이 교재의 저자 한상휘 목사님은 모든 동역자들로부터 그 진실함을 인정받은 선한 목자입니다. 그는 장로회신학대학원과 미국 맥코믹신학대학원에서 목회학 박사학위를 취득하셨으며, 목회사역 중에도 부지런히 성서연구에 몰두하는 성서학자이시고, 또한 수년 전 40일 금식기도를 통해 깊은 영계를 체험하신 신령한 목사님이십니다. 이 교재는 비단 새 가족뿐만 아니라 기성 성도들과 중고등부 학생 청년들에게도 구원의 확신을 줄 수 있는 필독서라고 생각합니다.

　　교회에 입문하는 새 가족들에게 이 교재는 구원의 확신을 심어주고 신앙생활의 기쁨과 감격을 누리게 해줄 것입니다. 또한 이 교재는 새 가족을 가르치는 지도자들에게도 가뭄의 단비를 만난 듯이 쉽게 가르치도록 구성되어 있습니다. 그리고 이 교재는 단순히 머리로 저술한 구원의 교리가 아니라 성령의 감동으로 엮어진 생명의 글입니다.

　　전국의 교역자 여러분들이 이 교재를 이용해 사랑하는 양떼를 구원과 영생의 문으로 인도하시기를 바라면서 자신 있게 추천하는 바입니다.

명성교회 당회장
대한예수교장로회총회 총회장

김 삼 환 목사

추 천 사

주님께서 당신의 양을 목자에게 맡기시면서 "내 양을 먹이라 내 양을 치라." 하셨습니다.

우리 목자들이 이 말씀을 늘 마음에 새기면서 목회에 임하는 것은 너무나 당연한 일입니다. 생명체인 주님의 양들을 맡았기에 한 생명 한 생명 소중하게 먹이며 길러야 함은 물론입니다. 주신 아들, 딸처럼 튼튼하게 키워야 합니다. 한상휘 목사님께서는 그 어려운 여건에서도 우리 노회 산하 신성교회를 담임하시어 교회를 이전하여 건축하는 일 등 다사한 목회 사역을 진행하시어 큰 성과를 이루셨습니다. 또한 학업에도 정진하시어 맥코믹에서 목회학 박사 학위(D. Min)도 받으셨습니다.

그 동안 다양한 사역을 하시면서도 새가족을 위한 저서를 연구하여 펴내시게 됨을 크게 축하합니다. 하나님의 말씀으로 새가족을 양육하려는 간절한 심정을 그 내용으로 담아 자신이 먹이시는 교회뿐만 아니라 다른 목회현장의 동역자들에게도 크게 공헌하게 됨을 축하드립니다. 성경으로 일관하심이 너무나 귀하고 주신 말씀을 적소에 배치하여 교회에 처음 발을 들여놓는 새가족에게 크게 도움이 될 것입니다. 그리고 구원관과 교회관 또한 교리면에서 일일이 짜임새 있게 조직적으로 구성하여 목회자들에게는 얼마나 보배인지 모릅니다.

　어떤 교육학적 이론도 아니고 철학적 논리도 아닌 하나님의 말씀 그대로 새 가족들에게 먹이며, 가르치고, 기른다는 것이 이 책의 특징입니다.

　어느 학자의 논리가 아니요, 어느 교육가의 교육법이 아니라, 하나님께서 주신 말씀을 적절히 찾아내어 질서 있게 단계적으로 그 말씀을 열거하였으므로 아마 우리 동역자들에게 크게 쓰임이 될 것입니다.

　양무리를 성경으로 먹이고 기르는 일은 하나님께서 우리 목자들에게 맡겨 주신 일입니다. 이 책은 새가족을 먹이고 기르는 일에 좋은 지침서가 될 것입니다. 종의 노고(勞苦)를 치하하면서 이 책을 추천합니다.

영등포교회 원로목사
대한예수교장로회(통합) 증경 총회장
방 지 일 목사

머 리 말

예수님께서 지상의 구속사업을 이루시고 승천하신 후 제자들을 통하여 초대교회가 시작되었습니다. 그 후 지금까지 지구상에는 250만 개의 교회가 세워졌습니다. 이미 200년 전에 영국에서 세계 제일의 대형 교회가 있었고, 미국에는 100년 전에 세계 제일의 대형교회가 생겼습니다. 114년의 한국 교회 역사 속에 5만여 교회와 1,200만 성도를 주셨고, 세계제일의 5대 대형 교회가 한국에 있습니다. 이는 한국 교회 기독인들의 큰 자부심이며 교회 성장의 축복을 하나님께 받았음을 알 수 있습니다.

그런데 1990년을 지나면서 한국 교회의 성장이 둔화되고, 교회 내에 동맥경화 증세가 일어나고 있습니다. 이유는 두 가지인데 하나는 기성 성도들의 게으름이요, 또 하나는 새가족에 대한 무관심입니다.
본 〈교회시작부터 천국까지〉 시리즈는 이 두 가지 질병을 치료하고, 변화하는 교회가 되게 하고, 활성화되는 교회 성장이 가속화되며, 전문화되는 교회가 되도록 힘을 주고자 집필하였습니다.

교회가 성장하고 부흥되는 것이 하나님의 뜻입니다. 새가족 한 생명이 교회에 등록하여 하나님의 백성이 되었는데 기존의 성도들이 반갑게 맞이하지 못한다면 거기서 소외감을 느끼게 될 것입니다. 새가족은 등록하자마자 기존 성도들과 유기적 관계를 이루고, 각 부서 속에 곧바로 들어가 그리스도인으로서 공동체를 이루어야 합니다. 그런데 기존 성도들의 집단 이기주의와 무관심으로 새가족들은 정착점을 잃어버리고 그 교회를 떠날 수밖에 없는 것이 현실입니다.

새가족을 친형제 자매처럼 사랑하고 마치 항상 다녔던 교회처럼 만들어야 하고, 누구에게나 접촉하여 대화를 나눌 수 있으며, 자기 집과 같은 교회가 되도록 해야 합니다. 새가족을 조직적이고, 체계적이고, 전문적으로 관리하여 반드시 본 교회에 정착하도록 해야 합니다. 그래서 믿음이 성장하고 큰 일꾼이 되기까지 새가족을 잘 양육하기 위하여 〈교회 시작부터 천국까지〉를 저술하게 되었습니다.

1장은 '구원의 출발'로 자녀로서의 선택, 회개, 중생, 성경을 알게 하며, 2장은 '구원의 교리'로 삼위일체, 구원의 길, 구원의 안내자, 구원의 순서를, 3장은 '구원의 생활'로 주일, 예배, 기도, 찬송, 헌금, 헌신, 전도를, 4장은 '구원과 직분'으로 교회, 직분, 기관, 성례전, 성령 열매, 영적 지도자를, 5장은 '구원과 천국'으로 가정, 돈, 주초, 심방, 효도, 제사, 이단, 부활, 재림, 천국, 지옥, 등등을 알게 해서 새가족들에게는 분명한 안내서가 될 것입니다. 또한 기존 성도들에게는 신앙 생활의 확실한 길을 안내할 것입니다.

이 책이 나오기까지 배후에서 기도해 주시다가 소천(所天)하신 저의 모친 김순남 권사님과 아내와 자녀들, 신성교회 당회원들과 교우들, 정덕기 부목사님과 정진선 부목사님, 그리고 물심양면으로 도와주신 분들께 감사를 드립니다.

이 교재를 통하여 기독교 진리를 확실히 알고자 하는 새가족과 이 시리즈로 공부하는 성도들이 새 힘을 얻고, 교회마다 크게 부흥이 되기를 바라며 하나님께 영광을 돌립니다.

구로동 신성교회 목양실에서
한 상 휘 목사

이 책을 읽기 전에 유의할 사항

교회 〈시작부터 천국까지〉 새가족 교재를 만족스럽게 공부하려면 다음 몇 가지 유의 사항을 자 지켜야 합니다.

1. 지도자를 사랑하고 신뢰하며 열심히 기도해야 합니다.
2. 성경공부 중에 결석하거나 중도에 하차하지 않도록 노력해야 합니다.
3. 〈교회 시작부터 천국까지〉는 예습을 반드시 해야 합니다.
4. 매주 가정에서 숙제를 철저히 하는 습관을 길러야 합니다.
5. 〈교회 시작부터 천국까지〉는 지도자 교재와 새 가족 교재로 나뉘어져 있습니다.
6. 새가족 교재는 12과로 요약해서 만들었습니다.
7. 〈교회 시작부터 천국까지〉는 좌측 죄인 머리만 움직이지 말고, 우측 뇌인 가슴으로 받아들이는 말씀이 되어져야 합니다.
8. 〈교회시작부터 천국까지〉 시리즈는 전 성도들에게 일 년 동안 성경공부를 할 수 있게 만들었고 지도자용과 새 가족용으로 사용할 뿐만 아니라 중고등부와 청년부 그리고 교사교육, 제직교육, 구역공과 교재로도 활용할 수 있습니다.

차 례

차 례

1 구원의 출발

(The beginning of salvation)

1과

구원받은 자녀의 선택 , 회개, 중생

성경 : 요 3:4, 15:16, 마 4:17
찬송 : 250, 283장

우리는 태어날 때에 우리는 부모를 선택한 일이 없으며, 자신이 한국 사람이 되겠다고 선택하지도 않았고, 모습이나 피부 색깔도 선택한 일이 없습니다. 하나님께서 우리를 선택하셔서 이곳에 이 모습으로 내리셨습니다.

▶ 빌 1:6

....

....

....

1. 구원 받은 하나님의 자녀로 선택

(1) 누가 언제 우리를 선택하셨습니까?

  1) 창조주 하나님께서 우리를 선택하셨습니다.

▶ 신 21:5

....

....

2) 모태에서 우리를 선택하셨습니다.

▶ 갈 1:15

(2) 선택하신 장소와 이유가 무엇입니까?

　1) 선택하신 장소

　악한 세대에서 선택받았습니다.

▶ 갈 1:4

　사망의 자리에서 선택받았습니다.

▶ 창 19:15

　2) 선택하신 이유

　하나님의 자녀로 삼기 위해 선택하셨습니다.

▶ 롬 8:16

　하나님 제사장 백성으로 선택하셨습니다.

▶ 벧전 2:9

....

....

(3) 선택하신 목적이 무엇입니까?

영광 받으실 목적으로 선택하셨습니다.

▶ 고전 6:20

....

복음 증거를 목적으로 선택하셨습니다.

▶ 막 16:15

....

축복 주실 목적으로 선택하셨습니다.

▶ 롬 15:29

....

(4) 선택받은 사람들은 누구입니까?

아브라함을 선택하셨습니다.

▶ 창 12:1

....

바울을 선택하셨습니다.

▶ 행 9:15

....

2. 구원받은 삶과 죄란 무엇입니까?

(1) 죄란 무엇입니까?

▸ 요일 3:4

(2) 죄의 성질은 어떤 것입니까?

죄는 고착성(固着性)이 있습니다.

▸ 민 23:23

죄는 발육성(發育性)이 있습니다.

▸ 약 1:15

죄는 파멸성(破滅性)이 있습니다.

▸ 롬 6:23

(3) 무엇이 죄입니까?

다른 신을 섬기는 것이 죄입니다.

▸ 출 20:3

(4) 원죄와 자범죄가 무엇입니까?

▸ 롬 5:21

3. 구원받은 삶과 죄에서 회개란 무엇입니까?

▸ 마 4:17

(1) 회개란 마음의 변화와 방향의 전환입니다.

▸ 눅 15:17~18

(2) 회개는 어떻게 해야 합니까?

▸ 시 51:3~4

(3) 회개의 결과는 무엇입니까?

▸ 사 55:7

4. 구원받은 믿음이란 무엇입니까?

(1) 예수 그리스도를 구주로 영접하는 것이 믿음입니다.

▶ 요 1:11~13

(2) 예수 그리스도께 듣고 순종하는 것이 믿음입니다.

▶ 롬 10:17

(3) 예수 그리스도를 믿음으로 받는 축복입니다.

▶ 요 5:24

5. 구원받는 중생이란 무엇입니까?

(1) 중생, 거듭남이란 무엇입니까?

▶ 엡 4:23~24

(2) 중생의 결과는 무엇입니까?

▶ 요 1:12~13

(3) 중생한 사람은 어떻게 살아야 합니까?

▶ 갈 5:22

2과

구원의 책 성경

성경 : 딤후 3:15~17
찬송 : 199, 200장

종교 개혁자 마틴 루터도 로마서 1장 17절에 있는 "의인은 믿음으로 말미암아 살리라"는 말씀을 통해 복음의 진리를 깨닫고 마침내 종교개혁을 이루었습니다.

1. 성경이란 어떤 책입니까?

(1) 성경은 믿음과 생활의 기준이 되는 책입니다.

▶ 딤후 3:16

성경의 저자는 하나님 자신이라고 말할 수 있으며 성경의 권위를 인정하고 성경을 하나님의 말씀으로 받아들일 수 있습니다.

  1) 성경은 죄를 깨닫게 합니다(신 11:26,28 롬 7:7).

  2) 성경은 구원의 도리를 알게 합니다(엡 2:5~8).

  3) 성경은 그리스도인의 생활지침을 제시해 줍니다(롬 12:1~2).

  4) 성경은 그리스도인의 영혼을 성장시켜 줍니다(고전 3:1~2).

종교개혁자 마틴 루터나 존 칼빈은 오직 믿음만, 오직 은총만, 오직 성경만을 내세우며 종교개혁을 이루었습니다.

(2) 성경은 예수 그리스도에 관한 책입니다.
▶ 눅 4:18~19

(3) 성경은 하나님의 계시의 책입니다.
▶ 시 19:1~2

▶ 롬 1:20

2. 성경은 어떠한 방법으로 기록되었습니까?

성경은 하나님의 말씀으로(딤후 3:16)서 통일성이 있어 스스로 해석할 수 있는, 평상인의 언어이지만 성령의 가르침이 있어야 이해 할 수 있으며, 하나님께서 자기 뜻을 나타내시기 위하여 기자들에게 성경을 쓰도록 명령하셨습니다(출 34:27, 계 1:1, 22:6~7).

(1) 정경(正經)으로서의 하나님의 말씀인 성경

▶ 살 6:16

　　성경을 정경이란 말로 사용한 것은 히브리어로 '카네(Kane)'라고 하며 헬라어로 '카논(canon)'으로 '막대기', '갈대'를 의미하며 석공이나 목수가 사용하는 '자'와 같이 사물을 곧게 만들거나 일직선인가를 측정하는 도구를 가리킵니다.

(2) 계약의 말씀으로서의 성경

▶ 창 3:15

(3) 세 가지 면에서 하나님의 말씀인 성경

　1) 예수 그리스도는 하나님의 말씀입니다.

▶ 요 1:14

　2) 성경 자체가 하나님의 말씀입니다.

▶ 요 5:39

　3) 성경은 설교요, 하나님의 말씀입니다.

▶ 요 14:9

(4) 영감설(靈感說)로 본 하나님의 말씀

1) 기계적(機械的) 영감설

하나님은 성경 기자들에게 계시의 사실을 불러 주었고 기자들은 기계적으로 받아 적었다고 하는 주장

2) 역동적(力動的) 영감설

성령의 영감이 아니라 성경 기자의 영감에 의해서 성경이 기록되었다는 주장입니다.

3) 유기적(有機的) 영감설

성경 기자들의 성품과 기질, 은사와 재능, 교육과 교양, 용어와 어법, 문체와 직업 등 모든 면을 사용함으로써 성경을 기록했다는 주장입니다.

4) 부분적(部分的) 영감설

성경의 전체적 영감을 부인하고 일부분의 영감만을 인정합니다.

5) 사상적(思想的) 영감설

성경의 영감을 부인하고 성서의 언어적 영감보다 사상적 영감이 더 많다고 주장합니다.

6) 축자적(逐字的) 영감설

하나님께서 성경 기자들의 용어와 표현을 선택하면서 오류에 빠지지 않도록 보호하시고 성경 기자들의 사상, 표현, 개성을 사용하여 성경을 기록하였고 모든 성경 구절과 단어가 영감으로 기록되었다는 주장입니다(렘 1:9, 겔 3:4, 10, 11, 고전 2:13).

3. 성경의 내용은 어떠한 것입니까?

(1) 구약 성경의 내용

39권으로 율법서, 역사서, 성문서, 예언서로 구분됩니다.

1) 율법서(모세 5경) – 창세기, 출애굽기, 레위기, 민수기, 신명기

2) 역사서(12권) – 여호수아, 사사기, 룻기, 사무엘상·하, 열왕기상·하, 역대상·하, 에스라, 느헤미야, 에스더

3) 성문서(시가 5권) – 욥기, 시편, 잠언, 전도서, 아가

4) 예언서(17권)

① 대예언서(5권) – 이사야, 예레미야, 예레미야애가, 에스겔, 다니엘
② 소예언서(12권) – 호세아, 요엘, 아모스, 오바댜, 요나, 미가, 나훔, 하박국, 스바냐, 학개, 스가랴, 말라기

(2) 신약 성경의 내용

27권으로 복음서, 역사서, 서신서, 예언서로 구분됩니다.

1) 복음서(4권) – 마태복음, 마가복음, 누가복음, 요한복음

2) 역사서(1권) – 사도행전

3) 서신서(21권)

① 일반서신(6권) − 로마서, 고린도전·후서, 갈라디아서, 데살로니가전·
후서
② 옥중서신(4권) − 에베소서, 빌립보서, 골로새서, 빌레몬서
③ 목회서신(3권) − 디모데전·후서, 디도서
④ 공동서신(8권) − 히브리서, 야고보서, 베드로전·후서, 요한 1·2·3서,
유다서

4) 예언서(1권) − 요한계시록

(3) 성경의 장과 절수

구약과 신약성경은 4천여 년에 걸쳐서 40여명의 성경 기자를 통하여 기록된 책입니다. 성경의 장 구분은 주후 13세기 스테판 랑튼이 라틴어 번역 성경에서 장 구분을 하여 지금까지 그대로 사용하고 있습니다. 구약성경은 총 929장과 23,214절이요, 신약성경은 총 260장에 7,957절로서 성경 전체 총 1,189장이며 31,171절입니다.

성경 중 가장 긴장은 시편 119편이요, 가장 짧은 장은 시편 117편입니다. 가장 긴 절은 요한계시록 20장 8절이고, 가장 짧은 절은 요한복음 11장 35절입니다. 성경 중 가장 한가운데 있는 절은 시편 118편 8절입니다.

4. 성경을 기록한 목적이 무엇입니까?

▸ 요 20:31

5. 성경을 어떠한 마음으로 읽어야 합니까?

▸ 고전 2:14

2 구원의 교리

(The doctrine of salvation)

3과

삼위일체 하나님

성경 : 고후 13:13

찬송 : 478, 70장

아브라함은 가나안 땅으로 갔으며 그는 진실한 창조주 하나님과 새로운 삶을 출발하였습니다.

1. 하나님은 어떠한 분이십니까?

(1) 천지 만물을 창조하신 하나님

▸ 창 1:1

창조의 역사를 엿새 동안에 이루고 이레 되는 날에 쉬셨습니다.

첫째 날 - 빛

둘째 날 - 궁창, 육지와 물을 나눔

셋째 날 - 땅, 식물

넷째 날 - 해, 달, 별

다섯째 날 - 새, 물고기

여섯째 날 - 동물, 사람

(2) 보존, 협력, 통치, 섭리하시는 하나님

▶ 욥 1:21

(3) 항상 살아 계시는 하나님

▶ 시 139:1~4

▶ 시 139:7~8

(4) 우리의 아버지이신 하나님

▶ 엡 4:6

(5) 삼위일체(三位一體)되시는 하나님

삼위일체의 성경적 근거는 창세기 1장 26절에서 찾아 볼 수 있습니다.

▸ 고후 13:13

2. 하나님의 속성과 성품은 어떠한 것입니까?

(1) 영원하신 하나님

▸ 시 90:2

▸ 벧후 3:8

(2) 창조주 되신 하나님

▸ 창 1:1~2

(3) 전능하신 하나님

▸ 욥 42:1~2

(4) 불변하신 하나님

▸ 약 1:17

....

(5) 무소부재(無所不在)하신 하나님

▶ 시 139:7

....

(6) 전지(全知)하신 하나님

▶ 시 139:1

....

(7) 거룩하신 하나님

▶ 시 99:5

....

(8) 의로우시고 재판관이신 하나님

▶ 시 11:5

....

(9) 사랑이신 하나님

▶ 롬 5:8

....

(10) 미쁘시고 진실하신 하나님

▶ 요일 1:9

3. 구약과 신약의 하나님 명칭들은 무엇입니까?

(1) 구약에서 하나님 명칭

1) 여호와 – "스스로 계시는 분" (출 3:14)

2) 엘로힘 – "창조자 하나님" (창 1:1)

3) 엘 샤다이 – "넉넉하신 하나님" (창 17:1~2)

4) 여호와 이레 – "하나님이 준비하셨다" (창 22: 13~14)

5) 여호와 라파 – "치료하는 여호와" (출 15:25~26)

6) 여호와 닛시 – "여호와는 나의 승리" (출 17:15)

7) 여호와 샬롬 – "여호와는 나의 평강"(삿 6:24)

8) 여호와 트시케누 – "여호와는 우리의 의" (겔 33:16, 렘 23:6)

9) 여호와 삼마 – "거기 계시는 여호와 하나님" (겔 48:35)

10) 여호와 로이 – "여호와는 나의 목자" (시 23:1)

11) 아도나이 – "재판하다"(시 7:11)

12) 엘 욘 – "올라가다"(사 40:31)

13) 체바오트 – "만군의"(사 44:6)

14) 임마누엘 – "하나님이 우리와 함께 계시다" (사 8:8)

(2) 신약에서 하나님 명칭

  1) 데오스(하나님) –"지극히 높으신 분"(요 1:1)

  2) 퀴리오스(주) – "왕의 권세와 권위를 가지신 하나님" (계 1:8)

  3) 파테르(아버지) – "우리들의 아버지 되신 하나님" (신 32:6)

(3) 삼위일체 되신 하나님

삼위일체 하나님은 유일신 하나님이십니다. 우리가 믿는 하나님은 아버지와 아들과 성령이라는 삼위 인격을 갖추신 하나님이시며 이 삼위는 한 하나님이시며 본체도 하나요 권능과 영광도 동등하신 분입니다. 우리는 삼위일체 되시는 구원의 하나님을 굳게 믿어야 합니다.

▶ 고후 13:13

4과

구원의 길 예수 그리스도

성경 : 요 14:6~10
찬송 : 95, 93장

1. 예수 그리스도는 누구십니까?

예수 그리스도께서 이 세상에 오시기 전을 'B.C.' 라고 하고 이후를 'A.D.'라고 합니다. 예수님의 생애는 역사의 전환점을 이루었습니다.

기원전 – 예수 그리스도가 태어나기 전(B.C. – Before Christ, years before the birth of Christ)

서력 기원 서기 – 예수께서 태어나신 후(A.D. – Anno Domini in the year of the Lord, years after the birth of Jesus)

(1) 예수 그리스도의 탄생하심

▶ 사 7:14

....

....

(2) 예수 그리스도의 생애와 역사

예수 그리스도는 33세로 일생을 마치셨는데 그 중 30년 사생활은 아버지 요셉의 목수 일을 도왔고 어머니 마리아의 가사 일을 도우면서 사셨습니다. 3년 공생애 동안에는 세례 요한에게 세례를 받으시고 40일간 금식기도를 하셨고 마귀의 시험을 받으시고 물리치셨으며(마 4:1~10), 계속 전도하셨습니다(눅 19:40).

▶ 막 16:15

예수 그리스도는 배고픔과 목마름을 당하셨고(막 11:12), 친구도 있었고(막 1:16), 사랑과 기쁨과 분노의 경험도(막 11:15) 있었습니다. 예수 그리스도는 수많은 질병을 고쳐 주셨고(막 5:29), 폭풍을 잔잔케 하셨고 보리떡 다섯 개와 물고기 두 마리로 오천 명을 먹이시는 기적도 행하셨습니다.

▶ 막 5:29

(3) 예수 그리스도의 죽음과 부활 (막 11:15~18)
유월절 어린양의 죽음이 예수 그리스도 자신의 십자가 죽음의 예표임을 상징적으로 보여 주는 최후의 만찬을 베풀어 주셨습니다.

▶ 막 14:22~24

(4) 예수 그리스도의 교훈

예수 그리스도는 교육, 전도, 치유의 사명을 주시려고 열두 제자를 선택하셨고 제자들을 교육 훈련시켜서 둘씩 짝지어 보내셨습니다(막 6:7). 그리고 70명의 제자들을 각 처에 보내시어 주의 복음을 전하게 하셨습니다(눅 10:1~9).

▶ 요 13:34~35

2. 예수 그리스도의 이름의 뜻과 직분은 무엇입니까?

(1) 예수 그리스도의 이름의 뜻

예수란 이름은 '자기 백성을 저희 죄에서 구원할 자'란 뜻입니다(마 1:21). 메시아(Messiah)는 히브리어로 '기름부음을 받은자'라는 뜻으로 헬라어로는 그리스도(Christ)입니다(마 1:16).

▶ 단 7:13

(2) 예수 그리스도는 참 하나님과 참 사람이 되신다.

▶ 빌 2:5~8

▶ 요 1:14

....

....

(3) 예수 그리스도는 인간의 구세주가 되신다.

제사의 종류로는 번제(burnt offering), 소제(meat offering), 화목제(peace offering), 속죄제(the sin offering), 속건제(transgress offering), 위임제(consecration offering)가 있습니다.

▶ 레 7:37

....

그러나 짐승의 제물로는 궁극적인 죄를 해결할 수 없고, 죄 없으신 예수 그리스도께서 인간의 죄를 짊어지시고 십자가의 대속의 죽음으로 인간들의 죄가 사해졌으며, 그것을 믿는 자는 구원을 받음으로 예수 그리스도는 믿는 자의 구세주가 되셨습니다.

▶ 요 3:16

....

....

(4) 예수 그리스도의 직분

1) 예언직무(The prophetic office)

▶ 히 1:1~2

....

....

예언자는 하나님의 말씀을 인간에게 전달하는 사명이 있는데 예수 그리스도는 하나님의 말씀으로 하나님의 마음을 인간에게 완전히 알려주셨습니다.

2) 대제사장 직무(The priestly office)

예수 그리스도는 하나님과 우리 인간 사이에서 대제사장으로 중보자 역할을 하심으로 하나님과 인간 사이의 화해를 이루어 주셨습니다.

▶ 고후 5:21

3) 왕의 직무(The kingly office)

예수 그리스도는 천지의 주인이시며 만왕의 왕으로서 우주 만물과 인간을 다스리시며 보호하시며 모든 원수를 막아 이기심으로 왕의 직무를 행하십니다.

▶ 고전 15:25

3. 예수 그리스도의 성품과 그분이 세상에 오신 목적은 무엇입니까?

(1) 예수 그리스도의 성품(性品)

예수 그리스도는 세상 사람들을 끝까지 사랑하셨습니다.

▶ 요 13:1

▶ 눅 15:32

▶ 마 11:29

(2) 예수 그리스도가 세상에 오신 목적

▶ 눅 5:32

▶ 요 6:38

(3) 예수 그리스도는 영원한 승리자입니다.

▶ 고전 15:56~57

5과

구원의 안내자 되신 성령님과 구원의 순서

성경 : 요 14:16~17
찬송 : 182, 185장

1. 구원의 안내자 되신 성령님

(1) 성령님은 누구십니까?

　1) 성령님은 거룩한 영이십니다.

　바람이라는 뜻이 있습니다.

▶ 욥 17:1

　호흡이라는 뜻이 있습니다.

▶ 창 2:7

　영(靈)이란 뜻이 있습니다.

▶ 살전 5:23

　정신(精神)이란 뜻이 있습니다.

▸ 삼상 16:14

보혜사라는 뜻으로 사용됩니다.

▸ 요 15:26

2) 성령님은 하나님이십니다.

▸ 히 9:14

▸ 창 1:2

3) 성령님은 인격적인 신이십니다.

▸ 요 16:13

(2) 성령님은 어떠한 성도에게 충만히 임하게 됩니까?

▸ 행 2:4

1) 죄사함 받은 성도에게 성령님의 충만한 은혜가 임하게 됩니다.

▸ 행 2:38

2) 순종하는 성도에게 성령님의 충만한 은혜가 임하게 됩니다.

▶ 행 5:32

3) 예수님의 약속을 믿고 기도하는 성도에게 성령님의 충만한 은혜가 임하게 됩니다.

▶ 눅 11:13

(3) 성령님이 상징으로 나타나시는 모양은 어떠합니까?
  1) 생기로 상징되어 나타나시는 성령님

▶ 창 2:7

  2) 비둘기로 상징되어 나타나시는 성령님

▶ 마 3:16

평화, 온유, 겸손, 정결, 무해, 화목, 화평을 상징합니다.
  3) 생수로 상징되어 나타나시는 성령님

▶ 요 4:14

물은 생명 유지와 몸과 생활환경을 정결하게 합니다.
  4) 불로 상징되어 나타나시는 성령님

▶ 출 3:2

불은 하나님의 임재와 태움, 빛, 열심, 능력을 이미합니다.

5) 기름으로 상징되어 나타나시는 성령님

▸ 삼상 16:13

기름은 인물, 성별, 생명 유지, 영양제입니다.

6) 바람으로 상징되어 나타나시는 성령님

▸ 겔 37:9

바람은 지구에 존재하며, 공기와 변화를 상징합니다.

7) 진동함으로 상징되어 나타나시는 성령님

▸ 행 4:31

8) 비로 상징되어 나타나시는 성령님(시 72:6, 약 5:7~8)

　비는 열매 맺게 하며 생명체를 보존하게 합니다.

9) 술로 상징되어 나타나시는 성령님 (엡 5:18, 행 2:12)

　용서, 이해, 사랑, 인내하게 합니다.

10) 인(印)으로 상징되어 나타나시는 성령님(엡 1:13)

　인봉함과 권위와 성도를 표시합니다.

11) 보증으로 상징되어 나타나시는 성령님(고후 1:21 ~22)

　신분을 보증합니다.

2. 성령님이 주시는 은사와 열매는 무엇입니까?

(1) 성령님이 주시는 은사는 무엇입니까?

▶ 딤후 1:6

(2) 성령님이 주시는 열매는 무엇입니까?

▶ 갈 5:22~23

3. 구원을 위한 순서는 어떻게 이루어집니까?

(1) 하나님께서 우리를 부르심을 소명이라 합니다.

▶ 롬 8:20

(2) 하나님께서 중생으로 거듭나게 하셨습니다.

▶ 요 3:3

(3) 하나님께서 회심의 은혜를 주셨습니다.

▸ 행 11:18

(4) 하나님께서 믿음의 은혜를 주셨습니다.

▸ 롬 10:10

(5) 하나님께서 의롭다고 인정하셨습니다.

▸ 엡 2:8

(6) 하나님께서 양자의 축복을 주셨습니다.

▸ 갈 4:6

(7) 하나님께서 성화 되어지는 삶을 살아가게 하십니다.

▸ 고후 7:1

(8) 하나님께서 성도의 견인을 주셨습니다.

▸ 롬 5:8

(9) 하나님께서 영화로운 세계에 들어가게 하십니다.

▸ 빌 3:21

(10) 구원의 확신은 어떠한 것입니까?

구원의 확신을 가지는 사람입니다.

▸ 요 3:16

3 구원의 생활

(The life of salvation)

6과

주일의 교회생활, 절기, 예배

성경 : 사 58:13~14, 요 4:23
찬송 : 9, 15장

1. 주일의 교회생활

(1) 주일은 어떤 날입니까?

▶ 요 20:1

(2) 주일을 어떻게 지켜야 합니까?

1) 주일의 교회생활은 예배드리는 일과 하나님의 일을 하는데 열심을 다해야 합니다.

▶ 막 3:4

2) 주일에 교회에서 해야 하는 일이 있습니다.

주일에 설교하는 일, 성경을 가르치는 일, 전도하는 일, 충성하고 봉사하는 일, 질병을 치료하고 문병하고 위로하는 일, 거룩한 일, 자비를 베푸는 일, 선한 일, 생명을 살리는 일 등을 해야 합니다(요 5:17).

3) 주일을 거룩하게 지켜야 합니다.

▸ 출 20:8

4) 주일을 거룩하게 지키면 하나님께서 축복을 주십니다.

▸ 사 58:14

2. 교회의 절기를 지키는 생활

(1) 교회에서 지키는 절기

　1) 대강절(Advent)　2) 성탄절(Christmas)　3) 사순절(Lent)

　4) 종려주일(Palm Sunday)　5) 고난주간(Passion Week)

　6) 부활절(Easter)　7) 성령강림절(Pentecost)

　8) 삼위일체 주일(Trinity Sunday)

(2) 교회의 여러 가지 행사와 절기

　1) 신년주일　2) 어린이주일　3) 어버이주일　4) 맥추감사절

　5) 교회창립주일　6) 광복절 기념주일　7) 추수감사절

　8) 종교개혁주일　9) 성서주일

3. 주일예배란 무엇입니까?

(1) 예배란 무엇입니까?

1) 구약에서의 예배의뜻

   아바드(Abad) – 삼하 15:8

2) 신약에서의 예배의 뜻

   라트레이아(Ltreia) – 롬 12:1

3) 예배의 영어의 뜻

   Worship – 요 4:23

(2) 예배의 대상은 누구입니까?

1) 성부 하나님(창 22:5)   2) 성자 예수님(마 2:2)

3) 보혜사 성령님(요 14:16)

■ 요 4:23~24

....

....

....

(3) 예배의 바른 자세는 무엇입니까?

■ 전 5:1~2

....

....

....

● 참된 예배의 자세

   예배 시간에 늦어서는 안 됩니다.

외모나 의복을 단정히 하고 나오셔야 합니다.

찬송 부를 때 뜨겁게 감사하는 마음으로 부르셔야 합니다.

대표 기도를 드릴 때 같이 생각하는 마음으로 기도해야 합니다.

헌금은 정성스럽게 준비하여 드려야 합니다.

반드시 축도가 끝날 때까지 예배에 참석해야 합니다.

예배는 정성을 다해서 경건하게 드려야 합니다.

①경배(출 34:8)   ②엎드림(창 17:3)

③경외(출 3:5)   ④ 여호와 앙망(시 27:4)

■ 엡 5:19~21

(4) 교회의 여러 가지 예배는 무엇입니까?

  1) 주일예배

■ 사 58:13~14

  2) 주일 저녁예배(찬양예배)

■ 행 10:1~5

3) 삼일 기도회

수요일 저녁에 모이는 교회 집회를 삼일기도회 또는 수요기도회라고 합니다. 삼일이란 주일이 지난 후 사흘만이란 뜻입니다(행 10:1~5)

4) 새벽 기도회

■ 막 1:35

5) 특별집회

교회의 특별 집회는 부흥회와 사경회, 수양회, 수련회가 있습니다.

■ 행 2:1~4

(5) 예배의 순서와 자세, 예배의 방해 원인이 무엇입니까?

1) 예배의 순서는 어떠한 것입니까?

2) 성도의 설교 듣는 자세와 정신은 어떠해야 합니까?

①무릎을 꿇고 드림 ②예물을 드리며 ③거룩한 옷을 입고

④신령과 진정으로 ⑤감사함으로 ⑥찬양함으로

3) 예배의 방해 원인은 무엇입니까?

많은 성도들이 예배의 참된 의미를 알지 못하여 자기중심적인 예배 태도를 나타내고 있습니다.

■ 행 4:19~22

(6) 예배를 통한 축복은 무엇입니까?

■ 요 4:24

■ 히 11:6

■ 마 11:28~30

7과

기도와 찬송의 생활화와 축복

성경 : 눅 9:28~36
찬송 : 364, 365장

1. 기도란 무엇입니까?

(1) 기도의 목적은 무엇입니까?

■ 히 9:14

....

....

(2) 기도의 본질과 용어는 무엇입니까?
　1) 구약 성서에서 기도의 용어
　테필라(Tepila)

■ 시 72:12

....

....

　2) 신약 성서에서 기도의 용어
　프로슈코마이(Proseuchomai)

■ 요 14:13

....

....

(3) 기도는 어떻게 해야 합니까?

■ 눅 6:12~13

    기도는 '하나님께 영광, 감사, 회개, 간구, 예수 그리스도의 이름으로 드림'등 5가지 요소가 적용됩니다.

(4) 응답받는 기도는 어떤 것입니까?

■ 요 14:13~14

    1) 예수님의 이름으로 기도해야 합니다.

■ 요 16:23~24

    2) 믿음으로 기도해야 합니다.

■ 약 1:6

    3) 제목을 세우고 기도해야 합니다.

■ 막 10:52

    4) 하나님의 뜻을 따라 기도해야 합니다.

■ 약 4:3

5) 쉬지 말고 기도해야 합니다.

■ 살전 5:17

6) 매일 기도해야 합니다.

■ 시 86:3

(5) 응답받지 못하는 기도는 어떤 것입니까?

  1) 불순종의 기도는 응답받을 수 없습니다.

■ 신 1:45

  2) 죄악을 회개하지 않으면 응답이 없습니다.

■ 사 59:2

  3) 두 마음을 품고 의심하면 응답이 없습니다.

■ 약 1:6~8

  4) 외식(外飾)하는 기도는 응답이 없습니다.

■ 마 6:5

  5) 중언부언(重言復言)하는 기도는 응답이 없습니다.

■ 마 6:7

  6) 정욕에 쓰려고 잘못 드린 기도는 응답이 없습니다.

■ 약 4:3

(6) 기도에는 어떤 종류가 있습니까?

  1) 시간을 정하고 드리는 기도

■ 막 1:35

  2) 여러 장소에서 드리는 기도

■ 마 6:6

  3) 기도하는 '사람의 수(數)'에 따른 기도

■ 마 18:19

(7) 기도하여 받은 축복은 어떤 것입니까?

■ 요 15:7

  1) 기도한 대로 이루어 주시는 축복입니다.

■ 마 7:9~11

  2) 사람이 기도한 것보다 넘치게 응답하시는 축복이 있습니다.

■ 왕상 3:12~13

  3) 기도의 내용과 전혀 다르게 응답되는 축복이 있습니다.

■ 고후 12:8~9

2. 찬송이란 무엇입니까?

(1) 찬송의 목적은 무엇입니까?

■ 히 13:15

(2) 찬송의 본질과 용어는 무엇입니까?
　1) 구약 성서에서의 찬송의 용어
　할랄(Halal) – "찬송하다"

■ 시 145:1

　2) 신약 성서에서의 찬송의 용어
　율로기아(Eulogia) – "찬송, 칭찬, 봉헌, 봉축"

■ 히 12:17

(3) 찬송의 내용은 무엇입니까?

■ 골 3:16

찬송은 예배의 중요한 요소이기 때문에 그 내용과 형식에 있어 성서적인 검토를 받아야 합니다.

■ 시 21:13

(4) 왜 찬송을 해야 합니까?

찬송은 믿음을 가진 그리스도인이 해야 할 본분입니다.

■ 시 47:6~7

(5) 찬송을 어떻게 해야 합니까?

1) 찬송은 영혼에서 우러나오는 간절함으로 해야 합니다.

■ 눅 1:46

2) 찬송은 기쁨과 감사와 전심으로 해야 합니다.

■ 엡 5:19

3) 찬송할 때는 여러 가지 악기를 사용합니다.

■ 시 98:5~6

4) 찬송을 바르게 부르는 방법과 자세입니다.

① 찬송을 바르게 부르는 방법

찬송은 새 노래로 불러야 합니다.

■ 시 149:1

찬송은 크게 불러야 합니다.

■ 시 145:3

② 찬송을 부를 때의 자세입니다.

찬송은 바른 자세로 불러야 합니다.

- 대하 20:19

---

(6) 찬송은 어느 때 어디서 해야 합니까?

  1) 찬송은 어느 때에 해야 합니까?

  ① 찬송은 날마다 해야 합니다

- 시 42:8

---

  ② 찬송은 항상 해야 합니다.

- 시 84:4

---

  ③ 찬송은 평생토록 해야 합니다.

- 시 16:2

---

  2) 찬송은 어디서 해야 합니까?

  ① 찬송은 성전에서 해야 합니다

- 시 150:1

---

  ② 찬송은 어디서든지 해야 합니다.

- 시 113:3

8과

헌금, 헌신, 전도의 생활화와 축복

성경 : 마 6:19~21, 롬 12:1~13, 막 16:14~18
찬송 : 597, 502장

1. 교회의 헌금이란 무엇입니까?

(1) 헌금이란 무엇입니까?

■ 고후 9:7

헌금이란 하나님의 것을 하나님께 바치는 것입니다.

■ 신 16:15~17

(2) 헌금에는 어떤 종류가 있습니까?

　1) 십일조와 감사헌금을 바칩니다.

■ 마 22:23

　2) 기타 절기헌금, 건축헌금 등 여러 종류가 있습니다.

(3) 헌금은 어떠한 마음 자세로 바쳐야 합니까?

헌금은 즐거운 마음과 진실한 마음으로 바쳐야 합니다.

■ 대상 29:14~15

(4) 헌금의 표준이 된 십일조란 무엇입니까?

1) 십일조는 아브라함이 시작했습니다.

■ 창 14:18~20

2) 십일조는 신약성경에서도 많이 말씀하셨습니다.

■ 마 23:23

(5) 예수님께서 말씀하신 헌금에 대한 교훈은 무엇입니까?

1) "너희를 위하여 보물을 하늘에 쌓아두라"

■ 마 6:20

2) "너희 보물이 있는 곳에는 너희 마음도 있느니라"

■ 눅 12:32~34

3) 가난한 과부의 두 렙돈 헌금정신입니다.

■ 막 12:42

(6) 사도 바울의 헌금에 대한 교훈은 무엇입니까?

풍성한 연보를 넘치도록 헌금하는 모범을 보였습니다.

■ 고후 8:1~2

(7) 온전히 바친 헌금의 결과는 하나님께서 주신 축복입니다.

그리스도인들이 온전한 헌금을 드리게 되면 하나님께서 복을 쌓을 곳이 없도록 부어 주신다고 말씀하셨습니다. (말 3:10)

2. 헌신이란 무엇입니까?

(1) 헌신이란 하나님께 바쳐지는 삶을 의미합니다.

■ 갈 1:24

(2) 헌신은 어떠한 자세로 해야 합니까?

1) 항상 기쁜 마음으로 내 자신을 하나님께 바치는 것이 바른 헌신입니다.

■ 벧전 5:2~3

2) 내 자신을 산 제사로 드려야 바른 헌신입니다.

■ 롬 12:1

(3) 헌신은 어느 때에 해야 합니까?

하나님께서 건강을 주실 때에 헌신해야 합니다.

■ 요 9:4

(4) 헌신의 범위는 어디까지입니까?

1) 내가 사는 집을 하나님을 위해서 충분히 활용해야 합니다.

■ 행 16:14~15

2) 자기의 마당을 하나님께 제사 드리는 곳으로 바쳐야 합니다.

■ 삼하 24:18

3) 자기의 모든 물질을 하나님께 바쳐야 합니다.

■ 행 2:44

(5) 헌신할 때에 하나님께서 축복하십니다.

1) 하나님과 사람들에게 칭찬을 받게 됩니다.

- 롬 14:18

2) 생명의 면류관을 축복으로 받게 됩니다.

- 계 2:10

3. 복음 전도란 무엇입니까?

(1) 복음을 전한다는 말의 의미는 무엇입니까?

헬라어로 '유앙겔리제오'이며 이는 '하나님의 말씀을 전한다'는 말입니다.

(2) 복음이란 무엇입니까?

헬라어로 복음이란 명사 '유앙겔리온'은 신약성경에 72회 사용되었습니다. 복음은 기쁜 소식, 사람을 살리는 소식, 구원의 소식입니다.

(3) 전도의 동기와 목적은 무엇입니까?

1) 전도의 동기가 무엇입니까?

죄인은 벌을 받고 지옥에 가야 하는데, 지옥 갈 사람을 천국으로 인도해야 할 책임이 있습니다(계 2:15).

2) 전도의 목적이 무엇입니까?

멸망 받을 영혼을 구원하는 것이 전도의 목적입니다(행 4:12).

(4) 전도의 내용이 무엇입니까?

하나님의 사랑을 알리는 것입니다.

하나님은 창조주로서 전능하시며 신실하시며 계획을 가지신 지혜로우신 분입니다.(창 1:1)

(5) 전도와 성령의 능력은 무엇입니까?

　성령은 누구십니까? – 성령은 한 분의 인격이십니다(요 15:26)

(6) 전도의 방법은 어떠한 것입니까?

　1) 예수님은 제자들을 파송하여 전도하셨습니다.

■ 마 10:8

....

....

　2) 사도들의 전도 방법은 무엇입니까?

베드로 사도는 그물 던지는 일로 전도하였습니다(막 1:16~17)

(7) 전도자의 자격은 무엇입니까?

　1) 전도를 위한 영적 준비 – 변화된 생활, 깨끗한 생활, 헌신의 생활

　2) 전도 메시지의 요점 – 죄인인 사실(요 3:18), 우리 죄를 위한 그리스도의 죽음(요 3:16), 믿음으로 그리스도를 영접하도록 해야 합니다(요 1:12, 히 11:1, 계 3:20).

(8) 전도의 실제는 무엇입니까?

　1) 문안으로 들어가는 요령–조용히 빠르게 접근하고, 5~6번 크게 노크하고 한 걸음 물러서며 미소로 인사하고, 자신을 소개하며 방문한 목적을 밝혀야 합니다.

　2) 대화를 이끄는 방법 – 친절하며, 상대방 옆에 앉고, 칭찬할 것을 찾으며, 라디오나 텔레비전을 끄게 하고 5분 정도 일반 대화를 한 후 영적 대화로 전환시켜야 합니다.

　3) 전도자의 수칙

　　①접근　②몸가짐　③휴대품　④인사　⑤대화

　　⑥간증사용　⑦전도지 사용　⑧ 결신

(9) 반대 의견을 다루는 법은 무엇입니까?

　복음을 전할 때에 반대 의견이 나오면 당황하지 말고 잘 대처해야 합니다.

　1) 반대 의견이나 질문의 유형 – 성경은 모순투성이다. 선행으로도 천국갈 수 있다고 생각하는데 왜 예수만 믿어야 구원받는가? 왜 선한 사람이 고통을 당하는가?

　2) 반대 의견을 다루는 법 – 상대방 말을 받아들이며 말씀으로 답변하고 정직하며 겸손하게 전도의 핵심만 말하도록 해야 합니다.

4 구원과 직분

(The salvation and the duty)

9과

교회는 어떤 곳입니까?

성경 : 마 16:16, 딤전 1:12, 행 2:4, 고전 11:23~24
찬송 : 210, 208장

1. 교회란 무엇입니까?

(1) 교회의 뜻은 무엇입니까?

　1) 구약의 교회 이름 뜻

카할은 '부른다, 소집한다'는 의미입니다.

'에다'는 '택함을 받아 모인 집단'이란 뜻입니다.

　2) 신약의 교회 이름 뜻

'에클레시아'는 '하나님께 불러냄을 받은 사람'이란 뜻입니다.

　3) 성경의 여러 가지 교회 이름 뜻

　예수 그리스도의 몸(엡 1:23)

　예수 그리스도의 신부(마 25:6)

　성령의 전(고전 3:16)

　새 예루살렘(계 21:9)

　진리의 기둥과 터(딤전 3:15)

(2) 교회는 어떻게 시작되었습니까?

　베드로의 신앙고백의 터전 위에서 교회가 시작되었습니다.

■ 마 16:16

(3) 교회의 본질은 무엇입니까?

　1) 교회는 통일성이 있습니다(엡 4:4~6).

　2) 교회는 거룩한 공동체입니다(고전 6:11).

　3) 교회는 보편적입니다(롬 10:12~13).

　4) 교회는 사도성(使徒性)이 있습니다(요 17:18).

　5) 교회는 무오성(無誤性)이 있습니다(딤후 2:15).

(4) 교회의 사명은 무엇입니까?

　1) 교회는 하나님 말씀 선포의 사명이 있습니다(딤후 3:16).

　2) 교회는 진리의 가르침에 대한 사명이 있습니다(마 9:35).

　3) 교회는 성례전을 집행하는 사명이 있습니다(고전 11:23~34).

(5) 교회에서 하는 일이 무엇입니까?

　1) 예배 – 요 4:23~24

　2) 교제 – 행 2:42

　3) 봉사 – 마 20:28

2. 교회에는 어떤 직분이 있습니까?

(1) 목사의 직분은 무엇입니까?(벧전 5:2, 고전 4:1~2)

　목사는 예수 그리스도의 양인 교인을 양육하는 목자입니다.

(2) 전도사의 직분은 무엇입니까?(막 1:16~20, 딤후 4:5)

　전도사는 목사를 도와 교회에서 봉사하는 유급(有給) 교역자입니다.

(3) 장로의 직분은 무엇입니까?(벧전 2:25, 행 20:17~35)

　장로의 직무는 목사와 협력하여 그 교회 행정과 치리를 담당합니다.

(4) 안수집사의 직분은 무엇입니까?(행 6:2)

　1) 교회의 재정 관리를 잘해야 합니다(행 6:2).

　2) 교회의 재정을 최대한 아끼며 살림을 잘해야 합니다(말 3:8).

　3) 목회자의 생활을 전담해야 합니다(느 13:10~12).

　4) 목회자를 도와주어야 합니다(히 13:17).

(5) 권사의 직분은 무엇입니까?(행 6:1~6, 딤후 2:2)

　권사는 교회의 택함을 받고 제직회의 회원이 되며, 교역자들을 도와 가난한 가정과 어려운 일을 당한 가정을 돌보며, 새신자를 심방하고 위로하고 전도하며, 교회의 덕을 세우기에 힘쓰는 직분입니다.

(6) 서리집사와 권찰의 직분은 무엇입니까?(딤전 3:8~13, 엡 4:12)

　무흠 입교인으로 당회에서 선택하여 교회의 일을 돕게 하는 직분입니다. 권찰은 교회의 일과 구역을 살피는 직분으로 1년 직입니다.

3. 교회에는 어떤 기관이 있습니까?

(1) 교회의 교육기관

영아부(신생아기~3세) – 창 21:1~8

유치부(4~5세) – 잠 17:6

유년부(6~8세) – 마 18:1~7

초등부 • 소년부(9~12세) – 막 9:36~37

중등부(13~15세) – 눅 2:41

고등부(16~18세) – 마 9:23

대학생부(19~23세) – 눅 7:14~16

청년회(24~29세) – 마 19:22

장년부(30세 이상) – 요 11:43~44

새가족부 – 행 2:41

(2) 교회의 자치기관

　어린이회 – 막 9:36~37, 10:13~16

　학생회 – 눅 2:41~52, 마 9:23~26

　청년회 – 마 19:22, 눅 7:14~16

　여전도회 – 눅 8:1~3

　남선교회 – 요 12:9~11

　교사회 – 엡 4:11

　성가대 – 대하 20:21~23

　구역회(속회) – 시 16:6

(3) 교회의 협력기관

　1) 예배위원회 2) 재정위원회 3) 건축위원회 4) 장학위원회

　5) 선교위원회 6) 교육위원회 7) 차량위원회

(4) 교회의 결의기관

　1) 공동의회 – 행 15:13~21

　2) 제직회 – 행 6:1~6

　3) 당회 – 딤전 4:14

(5) 교회의 치리기관

　1) 당회 – 딤전 4:14

2) 노회 – 행 14:23

3) 총회 – 행 15:1~11, 22~29, 히 12:23

4. 성례란 무엇입니까?

(1) 세례의 용어와 세례의 기원은 언제부터입니까?

1) 세례란 용어는 무슨 뜻입니까?

■ 갈 3:27

2) 세례의 기원은 언제부터입니까?

■ 창 8:7

3) 세례 받는 사람의 자격과 세례 받는 목적은 무엇입니까?

세례 받는 사람의 자격은 무엇입니까?

■ 눅 3:8

세례 받는 목적은 무엇입니까?

■ 막 16:16

4) 세례의 삼중적 의미와 세례를 통한 삶의 의미는 무엇입니까?

■ 마 28:19

세례의 삼중적 의미는 무엇입니까?

① 세례는 예수 그리스도 안에 살고, 예수 그리스도의 몸 된 교회를 위하여 책임과 의무를 감당하기 위한다는 뜻이 있습니다.
② 세례는 침례, 관례, 적례 세 가지 형식이 있으며 목사를 통하여 세례를 받습니다.

(2) 성찬의 용어와 목적과 성찬에 합당한 생활은 무엇입니까?

  1) 성찬의 뜻은 무엇입니까?

  성찬의 원어의 뜻은 '감사'입니다(마 26:26~28)

  2) 예수님이 성찬을 베푸신 목적은 무엇입니까?

  떡과 포도즙은 예수님의 몸과 피의 상징입니다(요 6:47~58)

  3) 성찬의 교훈은 무엇입니까?

  예수 그리스도의 사랑에 참여하는 자에게 그 몸을 희생하신 사랑을 인식하게 합니다.

10과

성령 충만과 영적인 사람

성경 : 행 2:1~4, 출 18:20~23
찬송 : 184장, 197장

1. 성령 충만이란 무엇인가?

성령 충만은 이미 예수 그리스도를 구주로 받아들여 믿는 중생한 사람이 철저한 회개 생활과 성령 충만을 받고자 사모하고 기도할 때에 받게 되는 은혜입니다. 성령 충만한 삶은 성령의 뜻에 따라 움직여지고 기쁨의 신앙생활로 살아가는 것입니다.

(1) 성령의 상징이란 무엇입니까?

  1) 성령은 바람으로 상징되었습니다.

▶ 행 2:2

  2) 성령은 불로 상징되었습니다.

▶ 출 3:2

(2) 성령 충만에 대한 성서의 교훈은 무엇입니까?

성령 충만은 양동이의 물처럼 한번 채워지고 마는 것이 아니라 끊임없이 채워지고 계속해서 채워지는 것을 의미합니다. 우리는 성령 안에서 성령에 의하여 성령님께 기도할 뿐만 아니라 또한 성령 충만 받기 위해서 기도해야 합니다.

(3) 성령 충만이 필요한 이유는 무엇입니까?

성령으로 충만해지면 근심 걱정과 염려가 없어지고 기쁨으로 가득한 생활을 하게 됩니다(롬 14:17)

1) 복음을 전파하기 위해서 성령이 충만해야 합니다.

▶ 행 4:31

2) 거룩한 삶을 위해 성령이 충만해야 합니다.

▶ 고전 10:31

3) 섬기는 삶을 위해 성령이 충만해야 합니다.

▶ 행 4:8

(4) 성령으로 충만해지는 비결은 무엇입니까?

1) 예수 그리스도에 대한 마음의 변화가 있어야 합니다.

▶ 행 2:37

2) 예수 그리스도의 이름으로 세례를 받고 죄 사함을 얻어야 성령으로 충만해질 수가 있습니다.

▶ 행 2:38

....

  3) 하나님의 뜻 앞에서 완전히 굴복하고 하나님을 절대 믿고 절대 순종하고 간절히 부르짖어 기도할 때 성령이 충만할 수 있습니다.

▶ 행 5:32

....

(5) 성령의 능력이 상실되는 이유는 무엇입니까?

  성령의 능력을 상실하는 이유는 삼손처럼 성별 된 자가 몸을 더럽힘으로 죄가 드러났기 때문입니다.

▶ 삿 16:19

....

(6) 성령의 은사 발견과 봉사 활동은 무엇입니까?

  하나님께서 그리스도인들에게 알맞게 주신 재능과 은사가 있는데 그 주신 목적은 주의 몸 된 교회와 성도들을 위해 봉사하는 데 있습니다.

  1) 은사란 무엇입니까?

  은사란 헬라어의 '카리스마(Charisma)'라는 말입니다.

2) 은사를 활용하는 목적은 무엇입니까?

▶ 엡 4:12

....

(7) 성령의 열매와 복된 삶이란 무엇입니까?

사도 바울은 성령의 아홉 가지 열매를 말씀하고 있습니다.

▶ 갈 5:22~24

2. 영적지도자의 자격은 무엇입니까?

영적인 삶은 하나님의 선물(롬 6:23)이며 영적 지도자는 하나님의 은총으로 얻어지는 것이며 순간순간 예수 그리스도를 믿음으로 영력(靈力)이 따르게 되는 것입니다.

▶ 민 14:8~9

(1) 영적 지도자의 사회적인 자격
영적 지도자는 교회 내의 믿음의 사람들로 책망할 것이 없어야 합니다.

▶ 대하 6:9

(2) 영적 지도자의 도덕적인 자격
영적 지도자는 도덕적인 용기가 있어야 합니다.

▶ 삼상 13:14

(3) 영적 지도자의 정신적인 자격

영적 지도자는 언제나 건전한 정신을 가져야 합니다.

▶ 시 75:7

(4) 영적 지도자의 인간적인 자격

영적 지도자는 논쟁자가 아니라 영적 재치와 수완을 지닌 분별력의 사람입니다.

▶ 겔 22:30

(5) 영적 지도자의 가정에서의 자격

영적 지도자는 자기 가정을 잘 다스리는 능력을 나타내야 합니다.

▶ 롬 10:9~10

(6) 영적 지도자의 성숙에 대한 자격

영적 성숙이란 좋은 지도자의 필수 자격증입니다.

▶ 잠 6:2

(7) 영적 지도자가 교회 안에서 갖추어야 할 자격

1) 영적 지도자의 신령한 능력

영적 지도자는 진리에 대한 환상이 있어야 합니다.

▸ 히 11:3

2) 영적 지도자의 자신의 삶의 규칙

업무 과다나 시간 부족에 불평하지 말고 모든 시간을 최선을 다하여 사용해야 합니다.

▸ 막 11:22~23

3) 영적 지도자의 진실한 믿음과 훈련

진실한 믿음의 영적 지도자는 믿음과 성령이 충만해야 합니다.

▸ 행 3:6

4) 영적 지도자의 영광의 직분 인식

교회 내의 영적 지도자는 하나님의 대리자요, 하나님의 말씀을 전하는 사람입니다.

▸ 히 11:3

5) 영적 지도자의 실력 향상

영적 지도자는 성경의 전문가가 되어야 합니다.

▸ 출 18:20~23

5 구원과 천국
(The salvation and the Kingdom of GOD)

11과

그리스도인의 주초, 심방, 효도, 제사

성경 : 엡 5:22, 15~18, 히 13:17, 고전 8:1
찬송 : 579장, 342장

1. 가정의 기초가 되시는 하나님

▶ 창 1:27~28

(1) 예수 그리스도를 주인으로 모시고 사는 가정

▶ 행 10:2

(2) 하나님 앞에서 예배드리는 가정

▶ 수 24:15

(3) 믿음으로 화합하며 화목한 가정

▸ 출 20:12

2. 그리스도인의 돈에 대한 교훈

▸ 잠 22:4

(1) 성서의 돈에 대한 원리
▸ 잠 30:8

(2) 성서에 나오는 축복받은 사람들
▸ 창 5:2

(3) 성서의 돈에 대한 개념과 기능, 사용방법
  1) 돈의 개념: 돈은 선도 아니요 악도 아닙니다.
  2) 돈의 기능: 돈은 신비한 힘이 있습니다.
  3) 돈의 사용 방법
▸ 고전 10:31

(4) 성서에서 돈을 잘못 사용함에 대한 교훈
  1) 창세기 3장에서의 인류의 조상 아담과 하와

2) 민수기 22장에서의 모압 왕 발락

3) 여호수아 7장에서의 아간

4) 열왕기하 5장에서의 엘리사의 사환 게하시

5) 사도행전 1장 16절~20절에서의 가룟유다

6) 사도행전 5장에서의 아나니아와 삽비라

3. 그리스도인의 술에 대한 교훈

(1) 구약성서에서 술을 금하는 교훈

▶ 창 9:21

(2) 신약성서에서 술을 금하는 교훈

▶ 눅 1:15

(3) 술의 해독에 대한 교훈
   1) 술은 인체에 해롭습니다.
   2) 술은 정신적인 타락을 가져옵니다(잠 23:35).
   3) 술은 가정불화의 원인이 됩니다(잠 23:29~30).

4. 그리스도인의 술과 담배에 대한 성서의 교훈

(1) 육체를 파괴하는 것은 죄악입니다.

▶ 고전 3:16

(2) 직분자는 술과 담배를 금해야 합니다.

▶ 딤전 3:8

(3) 신령한 은혜의 삶을 살려면 술 담배를 금해야 합니다.

▶ 고전 5:11

5. 목회자의 직분과 하는 일은 무엇입니까?

(1) 목회자의 직분은 무엇입니까?

목회자는 신령한 예배를 인도하므로 제사장이고, 양무리를 양육하므로 목자이며, 봉사하는 직분을 가졌으므로 그리스도의 종이며, 그리스도의 사역자이며, 그리스도의 집과 그 나라의 근실한 치리자이고, 하나님이 보내신 사자이므로 교회의 사자입니다.

▶ 벧전 5:2~3

(2) 목회자를 협력하는 성도의 자세는 무엇입니까?

성도들은 목회자를 대적하지 말고 배신하지 말아야 하며(딤후 4:10, 14) 숨어서 기도하며 헌신하며 수고하는 일꾼이 되어야 하고 (왕상 17:15~16) 믿음으로는 가깝고 생활로는 적당한 거리를 지켜야 합니다.

▸ 살전 5:13

(3) 목회자에게 성도들이 해야 할 일은 무엇입니까?

성도들은 목회자를 비방하는 일을 삼가야 합니다.

▸ 딤전 4:12

6. 목회자의 심방의 성서적 근거는 무엇입니까?

(1) 하나님의 돌보심으로서의 심방입니다.

▸ 창 3:8~9

(2) 예수 그리스도의 심방입니다.

▸ 마 4:23~24

(3) 목회자와 성도의 영적 교제가 심방으로 이루어집니다.

▸ 요 10:14

(4) 목회자의 심방과 성도의 자세는 어떠해야 합니까?

▶ 히 12:12~13

병원 심방은 어떻게 해야 합니까?

▶ 마 25:35~36

7. 기독교에서의 효도는 무엇입니까?

(1) 부모님께 대한 효도는 무엇입니까?

교육학자 에릭슨은 부모님에 대한 신뢰와 존경이 있는 사람이 하나님을 신뢰하고 하나님께 순종할 수가 있다고 했습니다. 기독교적 입장에서 효도는 십계명 중 제5계명에서부터 출발하는데 출애굽기 20장 12절과 신명기 5장 16절의 "네 부모를 공경하라 그리하면 너의 하나님 나 여호와가 네게 준 땅에서 네 생명이 길리라"라는 말씀에서 볼 수 있습니다.

▶ 출 20:12

왜 우리는 부모를 공경해야 합니까?

▶ 골 3:20

(2) 조상 숭배에 대한 성경적 대답은 무엇입니까?

1) 죽을 인간이 아닌 영원히 살아 계신 하나님께 예배 드려야 한다

고 가르치고 있습니다.

▸ 행 4:13

2) 조상에게가 아닌 조상의 하나님께 예배하라고 가르치고 있습니다.

▸ 딤전 1:4

(3) 별세한 조상에 대한 의례 준칙은 무엇입니까?

임종 직전에 가족들은 울지 말고 침착하게 찬송 부르며 성경 말씀을 들려주어야 합니다(계 22:1~7).

(4) 기독교의 추모예배는 어떻게 드리고 있습니까?

사람이 별세하면 입관을 하고 장례식을 하며 삼일 만에 묘를 찾아보고 연중에 성묘와 기일을 기억하며 추모예배를 드립니다. 성경에는 별세한 사람에 대하여 의례준칙(儀禮準則)에 대한 교훈의 말씀이 없습니다. 죽은 자는 인격체가 아니기 때문에 각자가 처한 상황에 따라 융통성 있게 할 수 있으며 굴건제복을 삼가고 맨발로 머리를 풀고 곡하며 우상을 섬기는 요소를 없애고, 유교적 풍습에 따를 필요가 없으며 이교적(異敎的)인 것을 배제해야 합니다.

부모님의 은혜와 그 유업을 기억하면서 추모하는 마음으로 추모예배를 드려야 합니다.

▸ 히 11:13~16

12과

이단과 예수 부활, 재림, 천국, 지옥

성경 : 마 24:5, 12~13, 계 21:1~8
찬송 : 179장, 180장

1. 비교 종교에 있어서 성도의 취할 자세는 무엇입니까?

(1) 천주교(Catholicism)는 어떤 종교입니까?

창시자는 레오(Leo) 1세요 창시 연대는 주후 445년이며 신도 수는 약 6억으로 천주교는 다른 교회가 주장하는 타당성을 전부 거부하고 있습니다.

(2) 불교(佛敎)는 어떤 종교입니까?

창시자는 석가(釋迦)요 창시 연대는 주전 560년이며 신도 수는 약 1억 5천만 명으로 힌두교에서 파생된 종교입니다.

(3) 유교(儒敎)는 어떤 종교입니까?

창시자는 공자(孔子)요 창시 연대는 주전 551년이며 신도 수는 약 3억으로 유교 경전은 사서삼경인데 사서는 대학, 중용, 논어, 맹자를 말하며 삼경은 시경, 서경, 주역입니다.

(4) 통일교(統一敎)는 어떤 종파입니까?

'세계 기독교 통일 신령협회'라는 명칭으로 이단자 문선명(文鮮明)에 의하여 1954년 5월에 우리나라에서 발생한 이단 종파입니다.

(5) 박태선과 천부교

천부교의 창시자 박태선(朴太善)은 평북 영변에서 1915년 출생했고 1948년 남대문교회에서 이성봉 목사의 부흥회시 성령의 불 세례를 받았다고 주장하며, 이때 혼음파 정득은의 집단에 빠져 있었고, 1955년부터 무학교회 집회와 남산, 대구, 한강 백사장 집회를 인도했으며, 기독교계에서는 이미 이단으로 규정을 했습니다.

2. 성도의 죽음이란 무엇입니까?

▶ 창 2:17

3. 성도의 부활이란 무엇입니까?

(1) 부활의 성격은 무엇입니까?

육체적 부활

▶ 롬 8:23

(2) 부활의 때는 언제입니까?

▶ 고전 15:23

4. 예수의 재림이란 무엇입니까?

예수님의 재림의 목적은 무엇입니까?

1) 예수 그리스도는 세상을 심판하시려고 다시 오십니다.

▶ 롬 14:12

2) 주의 교회를 올려 가기 위해서 다시 오십니다.

주의 몸 된 교회는 그리스도의 신부입니다.

▶ 요 14:3

5. 종말에 대한 성도의 자세는 어떠해야 합니까?

종말은 언제입니까?

▶ 마 24:36

6. 천국은 어떤 곳입니까?

▶ 히 9:27

(1) 천국이란 어떤 곳입니까?

　1) 성도의 마음이 천국입니다.

▶ 눅 17:21

　2) 성도의 가정이 천국입니다.

▶ 행 10:2

　3) 교회가 천국입니다.

▶ 마 13:33

　4) 신천신지(新天新地)는 천국입니다.

▶ 계 20:6

　5) 성경에는 천국을 '하늘'이란 말로 표현하였습니다.

▶ 행 1:11

　6) 천국은 특정 장소를 가리키는 말입니다.

▶ 요 14:2

　7) 천국은 안식처라고 불립니다.

▶ 히 4:9

　8) 천국은 낙원이라고 불립니다.

▶ 고후 12:4

(2) 천국에는 누가 계십니까?

1) 천국에는 하나님이 계십니다.
▸ 마 6:9

2) 천국에는 천사들이 있습니다.
▸ 마 22:30

3) 천국에는 예수 믿는 성도들이 들어갑니다.
▸ 요 14:6

(3) 천국에 들어갈 자격자는 누구입니까?

1) 하나님의 뜻대로 살았던 사람들이 천국에 들어갑니다.
▸ 마 7:21

2) 물과 성령으로 거듭난 사람이 천국에 들어갑니다.
▸ 요 3:5

3) 예수 믿고 우상에게 절하지 않고 순교를 당한 사람이 천국에 들어갑니다.
▸ 계 20:4

4) 생명책에 기록된 자들이 천국에 들어갑니다.
▸ 계 21:27

7. 지옥은 어떤 곳입니까?

(1) 지옥이란 장소는 어떤 곳입니까?

　1) 지옥은 저주받은 자들과 마귀들을 넣기 위해 예비 된 볼 못입니다.

▶ 마 25:41

　2) 지옥은 영원히 벌을 받는 장소입니다.

▶ 마 25:46

　3) 지옥은 고통이 계속되는 장소입니다.

▶ 마 10:28

　4) 지옥은 불과 유황으로 타는 장소입니다.

▶ 계 21:8

(2) 지옥은 어떤 사람들이 들어갑니까?

　1) 형제를 미련한 놈이라 말하는 사람입니다.

▶ 마 5:22

　2) 사탄과 거짓 선지자들이 지옥에 갑니다.

▶ 계 19:20

3) 타락한 천사들이 지옥에 갑니다.

▸ 벧후 2:4

4) 지옥은 악인들이 갑니다.

▸ 시 9:17

5) 생명책에 기록되지 못한 자들이 지옥에 갑니다.

▸ 계 20:15

6) 하나님의 뜻대로 행치 아니한 자가 지옥에 갑니다.

▸ 마 7:21

8. 천국에 있는 것은 무엇입니까?

▸ 계 22:1~2

9. 지옥에 있는 것은 무엇입니까?

▸ 계 21:8

한 상 휘 목사
Rev. Dr. Han Sang Hwi

약력

장로회신학대학교

아세아연합신학대학교 대학원 선교학 석사

장로회신학대학 대학원

맥코믹신학대학 내학원 목회학 박사

(McCormick Theological Seminary)

구로구 교회연합회 회장

현 영등포노회 노회장

현 신성교회 위임목사

저서

구약성경 강해 (전 8권 창세기~말라기)

신약선경 강해 (전 2권 마태복음~요한계시록)

교회 시작부터 천국까지 (성경공부 교재 전 4권)

교회 시작부터 천국까지 (새가족 교재)

일생을 바꾼 40일 금식기도